Encontrando

Familia y Ancestros

Encontrando

Familia y Ancestros

TRAZA TUS RAÍCES, APRENDE TU HISTORIA, CONOCE LA HISTORIA
DE TU FAMILIA

Alejandra Chikauak-Yaotl Tlalli-Miles

Copyright Page:

For more information, email findingfamiliaandancestors@gmail.com

ISBN: 979-8-9871529-9-7

INTRODUCIÓN

Me justaria mencionar que áunque Español es my primera idioma, solamente tuve la oportunidad de estudiar Español escrito en la primaria. Agradesco su comprensión sobre errores gramáticos.

ESTRUCTURA DEL LIBRO

La historia de mi familia sera presentada por la información que pude localizar en los documentos historicos que nos ofrecen una vista momentaria a las vidas de mis antepasados y establecen parentesco. Contenido en esta historia aprendemos de eventos como embarazos de adolescentes, mortalidad infantil, racismo, esfuerzos para borrar identidades Indigenas, oposición politica, y enfermedades. A un nivel universal, nuestra historia se relaciona a la experiencia humana, de amor, suffrimiento y de supervivencia. Te invito a que me acompañes a seguir esta historia de una familia con profundas raices en Michoacán, México incluyendo, fotos y nombres de los descendientes de la Familia Fernández Barragán.

El libro esta organizado en cuatro secciónes. La primer sección es la historia de mi abuelita, Angelita (Sahara) Barragán. La segunda sección es de mi abuelito, Máximo Fernández. La tercera sección cuenta la historia de mis abuelitos como pareja, su familia y descendencia. En las secciónes 1-3, se encuentran gráfico visuales, y información que se encontro en cada documento historico. La información esta organizada de el ancestor mas antiguo hasta llegar a mi abuelita/abuelito. En la ultima sección, vas a encontrar instruciones, recursos y un modelo para que conduzcas tu propria busqueda de genealogía, aprendas y conoscas, la historia de tu familia.

COMO LEER ESTE LIBRO

Como mencione anteriormente este libro contiene gráficos visuales y información historica. Los gráficos visuales, sirven para visualisar la orden de la familia (padre, hijo/a, matrimonios, etc.) y parentesco. Cada persona en los graficos visuales, esta identificado por numero. Este numero coincide con la información que se encontro en documentos historicos. Los documentos historicos que se encontraron incluyen registros de nacimiento, bautiso, intento de matrimonio, matriminio, copias del censo y certificados de defunción. Estos documentos sirven como ejemplos de los differentes tipo de documentos y las differente formas en que los municipios y iglesias registraban los acontecimientos. Tambien hay que tener en cuenta que las personas que estaban escribiendo la información normalmente eran personas de la religion católica o empleados del gobierno. En los documentos mas antiguos, se nota que usaban terminología antigua, probablemente de España. Es importante leer los documentos historicos en su totalidad, porque en estos documentos podemos encontrar pistas sobre raza o identidad, grupos indigenas, edad, nombres de padres, abuelos maternos y/o paternos, lugares de origen, etc.

La cuarta sección, contiene un modelo para que puedas comenzar la busqueda de tu familia. Haciendo referencia a los ejemplos de mi familia, y las variedades de pistas en los documentos, estos serviran para ayudarte a descubrir mas al iniciar la busqueda de tu familia.

AGRADECIMIENTOS

Este libro no seria possible sin los ancestros que me han guiado hasta este momento, aquellos que pude encontrar, aquellos que no pude encontrar y que permanecen sin nombre, historia y tribu, gracias por guiarme. Siento su presencia conmigo. Para mis familiares, los mayores de edad que pude conocer, la familia presente, y para nuestra descendencia.

Estoy extremamente agradecida a mis hijos, Kairese y Nakai, por todo su amor, ánimo y apollo con este libro y todas mis metas personales. Ustedes saben que son mi corazón. Gracias, Terrence (mi pareja), por tu amor y apollo. Yo reconozco que no es facil convivir conmigo.

Me justaria reconocer a mis hermana, Monica, por toda su ayuda, apollo, y amor incondicional – te amo hermana! A mi mamá, Angelita, gracias por compartir historias de la familia y escuchar sobre mis descrubimientos, yo reconozco que no ha sido facil para usted. Para mi querido Tio Jesús, gracias por su apollo, y por compartir historias de la familia abiertamente, usted sabe que lo quiero mucho.

Muchas gracias a todos mis primos, primas y familiares por su palabras de apollo y ánimo...se los agradesco muchisimo! Adicionalmente, me gustaría reconocer y agradecer a todos mis amigos y amigas por sus palabras de apollo y su amistad.

Gracias a mi colega, Jacklyn, por plantar la semilla que brotó para que mi projecto familiar se convirtiera en este libro. Tambien a John Schmal por responder a mis mensajes de correo electronico y permitirme usar parte de su presentación. Tambien agradesco a la organización Native Land Digital por todos su esfuerzos para aplificar el reconocimiento de territorios nativos y a Family Search por permitirme nómbrarlos como un recurso.

Gracias ~

Este libro esta dedicado a Kairese, Nakai, Ayla, Déjá, Kaya y Zulu

DEDICACIÓN ESPECIAL

Máximo Fernández
1949-2022

Gracias Tio por apollarme con este libro y compartir las historias y recuerdos de la familia libremente. Usted nos acompaño en momentos de celebracion, felicidad y tambien en los momentos mas difíciles. Su legado es de haber sido un gran hombre que siempre ayudaba a cualquier persona con necesidad. Lo extrañamos muchisimo! Las palabras no son suficientes para expresar todo lo que significa para mi familia. Muchisimas gracias, Tio por todo su amor, apollo y por siempre estar con nostros y la familia. Seguimos adelante por que recordamos uno de sus dichos favorito, "Échale ganas."

Se quedan con nosotros los buenos recuerdos, el amor y la tranquilidad que usted nos dejo. Con amor, cariño y mucho respeto este reconocimiento es para usted.

Un hombre sin historia es como un arbol sin raices.

MALCOLM X

TABLA DE CONTENIDO

Encontrando

Familia y Ancestros

SANTA INÉS, MICHOACÁN

En la historia de mi familia materna el pueblo de Santa Inés, Michoacán, México, siempre ha sido central. Recuerdo tiempos en mi niñes que ivamos a visitar a mi Tía María, su familia y nuestro Abuelito Máximo. Como era un viaje largo de los Estados Unidos a Santa Inés, a veces durabamos 3-4 dias en el coche para llegar, siempre habia un entusiasmo cuando yo veia el annuncio que decia "Santa Inés" a la entrada del pueblo. La casa de mi Tía María es la segunda casa al entrar el pueblo en la calle principal, Avenida Fernández. Parecia que todas las casas compartían la pared principal que daba a la calle, por que de la entrada del pueblo no se podia ver el fin de las casas. Todas las casas estaban pintadas de diferentes colores. La casa de mi Tía estaba pinta de un amarillo brillante con una banda de color rojo al fondo. La banqueta enfrente de su casa era de losas rojas y amarillas que parecian un hermoso tejido. Todas las mañanas una de mis primas salia a lavar la banqueta enfrente de la casa. Era costumbre que una mujer de cada casa salia a lavar la banqueta cada mañana. En ese entonces, yo no lo reconocia, y creo que mis primas no lo sabian, pero ahora como adulta y con mas entendimiento de culturas Indigenas, reconozco que lavar las banquetas diariamente es enseñansa Indigena.

Segun las historias de los mayores, nuestra famila descendia de Españoles. Era dificil para mi acceptar que descendiamos solamente de Españoles por que áunque la majoria de mi familia y mi abuelito Máximo eran personas de piel blanca, yo mi Tio Máximo y el difunto Tio Juan eramos morenos. Desafortunadamente, mis familiares solo podian recordar los nombres de sus padres, abuelos, y bisbuelos. Solo mi Tio Jesús tenia recurdos de la Abuela Juana y segun el, ella era alta, delgada, con pelo largo y piel morena...con caracteristicas indigena.

Esta es la fascinante historia de mi familia maternal y la busqueda de nuestras raices con la poca información que teniamos disponible. Con esta información pude descubrir que nuestras raices en Michoacán son muy profundas, con un pasado documentado que llega hasta el año 1650.

1

Sahara (Angelita) Barragán

Al final del día, podemos aguantar mucho más
de lo que pensamos que podemos
~ FRIDA KAHLO

Sahara Barragán, mi abuelita, nacio en el Rancho El Limon, Michoacán, el 1 de Febrero, 1907, a las 6 de la mañana. El documento archivado en Tingüindín, Mich. Mex., indica que fue hija natural de Juan Barragán y Luisa Mendoza. Sahara tenia un mes de nacida cuando su mamá, Luisa, falleció de fiebre. Al tiempo de su fallecimiento, Luisa, tenia 16 años de edad. No se saben todos los detalles, pero sabemos que Juan regalo a su hija, Sahara, a una pareja de recursos, pero sin hijos. Esa familia (no sabemos sus nombres) la crió en Santa Inés, Michoacán o cerca del pueblo. El nombre de Sahara fue cambiado a Angela, María de los Angeles, o Angelita, no sabemos el nombre exacto y tampoco exactamente cuando le cambiaron su nombre. Estos tres nombres estan en los documentos de los hijos de mi abuelita. En el censo de 1930 ella esta registrada como

Angelita, de 22 años de edad. La información sobre su nombre al nacer (Sahara) es nueva información para la familia, que se descrubio en 2021 atraves de esta busqueda.

Antepasados de Angelita (Sahara)

#1 – Ynes de la Cruz (10ª abuela)

Ynes de la Cruz fue bautisada el 4 de Octubre 1686, en Hidalgo, Mich, Mex. Sus documentos indican que Ynes y sus padres son Yndios/Yndigenas. El documento nota que son "de labor" a Salvador Gutierres an Jaquaro (ahora conocido como San Pedro Jacuaro, Mich., Mex.).

Nombre original de la ciudad de Hidalgo era Taximaroa (P'urepécha) que significa, altar de los dioses puesto en el camino.

#2 – Sebastían de Madrigal (10° abuelo)

Sebastían fue bautisado en 1 de Mayo 1650, en Tlazazalca, Mich. México. Su documentos indican que es Español. Tlazazalca, uno de los pueblos mas antiguos de Michoacán, fundado por los tribus **Mexica**, significa: **lugar arcilloso**.

#3 – Petrona Mexica (10ª abuela)

Petrona fue bautisada el 23 de Julio, 1686, en Angamacutiro, Mich. México. Sus documentos indican que la familia son Yndios. Angamacutiro en las lenguas Indigenas Pauacume, Uapeani Y Tariacuri significa: **el lugar al borde de la barranca.** Fundado en el año 1323 por Indigenas **Otomí** del estado de Guanajuato.

#4 – Marcos Moreno (10° abuelo)

Andres Marcos fue bautisado el 8 de Noviembre de 1709, en Angamacutiro, Mich. México. Sus documentos indican que es Mestizo y su familia es de Panindicuaro, Michoacán. Fue hijo legitimo de Andres Moreno y Ynes de la Cruz. Panindicuaro significa, "lugar de ofrenda." Panindicuaro era frontera cultural de los P'urépechas y Chichimecas.

#5 – Estephania de Madrigal (9ª abuela)

Estephania fue bautisada el 6 de Agosto 1708, en Angamacutiro, Mich., México. Sus documentos indican que es Yndia y sus padres son de Susupuato, Mich., México. Fue hija legitima de Sebastían de Madrigal y Trona Mexia.

La palabra Susupuato significa "lugar de los alacranes." Susupuato es una población prehispánica, habitada por diversos grupos P'urépechas (Tarascos), Mazahuas, Otomí y Náhuas (Mexica).

#6 – María Anna Moreno (8ª abuela)

María Anna fue bautisada el 28 de Junio de 1728, en Chilchota, Mich. México. Su documento indica que sus padres son Españoles del Valle de Guadalupe, Mich., México. Sus padres fueron Marcos Moreno y Estephania Madrigal.

#6a – María Anna Moreno & Feliz Morin (8° abuelos)

Feliz (23-25) y María Anna (25) se casaron el 26 de Febrero, 1753, en Chilcota, Mich. México. Sus documentos indican que los dos son Españoles. Feliz es originario del Valle de Camino de esta Parte (una palabra no fue legible) y María Anna del Valle de Guadalupe, Mich., México.

ANTEPASADOS DE ANGELITA

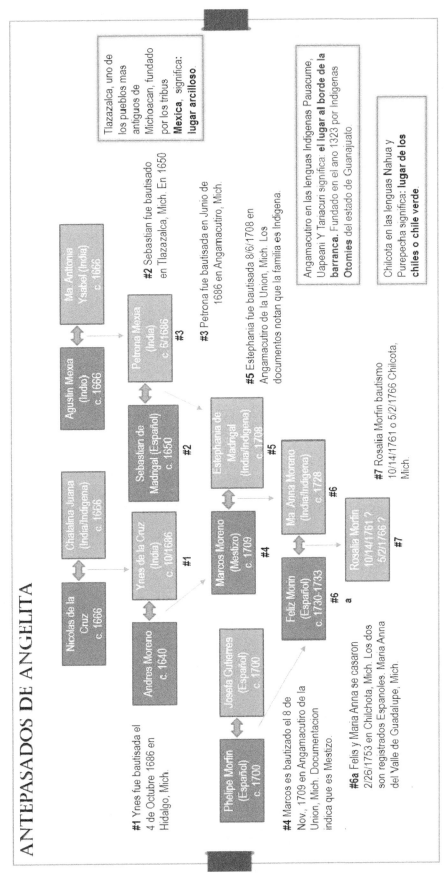

Tlazazalca, uno de los pueblos mas antiguos de Michoacan, fundado por los tribus **Mexica**, significa: **lugar arcilloso.**

#2 Sebastian fue bautisado en Tlazazalca, Mich. En 1650

#3 Petrona fue bautisada en Junio de 1686 en Angamacutiro, Mich.

#5 Estephania fue bautisada 8/6/1708 en Angamacutiro de la Union, Mich. Los documentos notan que la familia es Indigena.

Angamacutiro en las lenguas Indigenas Pauacume, Uapeani Y Tariacuri significa: **el lugar al borde de la barranca.** Fundado en el ano 1323 por Indigenas **Otomies** del estado de Guanajuato.

Chilcota en las lenguas Nahua y Purepecha significa: **lugar de los chiles o chile verde.**

Nicolas de la Cruz c. 1666

Chalalma Juana (India/Indigena) c. 1666

Agustin Mexia (Indio) c. 1666

Ma. Antonia Ysabel (India) c. 1666

Andres Moreno c. 1640

Ynes de la Cruz (India) c. 10/1686 **#1**

Sebastian de Madrigal (Español) c. 1650 **#2**

Petrona Mexia (India) c. 6/1686 **#3**

Josefa Gutierres (Español) c. 1700

Marcos Moreno (Mestizo) c. 1709 **#4**

Estephania de Madrigal (India/Indigena) c. 1708 **#5**

Phelipe Morfin (Español) c. 1700

Feliz Morin (Español) c. 1730-1733 **#6a**

Ma. Anna Moreno (India/Indigena) c. 1728 **#6**

Rosalia Morfin 10/14/1761 ? 5/2/1766 ? **#7**

#1 Ynes fue bautisada el 4 de Octubre 1686 en Hidalgo, Mich.

#4 Marcos es bautizado el 8 de Nov., 1709 en Angamacutiro de la Union, Mich. Documentacion indica que es Mestizo.

#6a Felis y Maria Anna se casaron 2/26/1753 en Chilchota, Mich. Los dos son registrados Espanoles. Maria Anna del Valle de Guadalupe, Mich.

#7 Rosalia Morfin bautismo 10/14/1761 o 5/2/1766 Chilcota, Mich.

#7 – Rosalia Morfin (7ª abuela)

Anna María Rosalia Morfin Moreno fue bautisada en Chilchota, Mich. México. El documento escrito indica que fue bautisada el 2 de Mayo, 1766, y que es de Guadalupe. El segundo documento indica que fue bautisada el 14 de Octubre 1761. Los dos documentos indican que es hija legitima de Felis Morfin y María Anna Moreno.

#8 María Josefa Morfin (6ª abuela)

María Josefa fue bautisada 5 de Mayo, 1784, en Los Reyes, Mich., Mex. Sus documentos indican que es Española de Ziquitaro, Mich., México. Hija legitima de Francisco Villegas y Rosalia Morfin.

#9 – Maríana Balencia (6ª abuela)

Maríana fue bautisada el 26 de Junio, 1788, en Patamban, Tangancicuaro, Mich., Mex. Sus documentos indican que es hija legitima de Jose Joaquin Patiño y María Josefa Balencia.

Patamban es palabra P'urépecha que significa, "lugar del bambues" y Tangancicuaro es palabra Chichimeca que significa, "lugar de 3 ojos de agua."

#10 -María Dolores Figueroa, Jose Carmen Figueroa(4° abuelos) & María Torres (5ª abuela)

María Dolores falleció en el Rancho los Gallineros, municipio de Cotija, Mich., Mex. a los 95 años de edad. Falleció de Euteritis. Fue viuda de Jose Garcia y hija de Jose Carmen Figueroa y María Torres.

#11 – Jose Garcia (4° abuelo)

Jose falleció de diarrea el 14 de Agosto, 1907, a los 80 años, en el Rancho Los Gallineros, municipio de Cotija de la Paz, Mich. Mex. Casado con María Dolores Figueroa, sus padres fueron el finado Vicente Garcia y Angela Oseguera.

#12 – Juana Barajas (4ª abuela)

Juana falleció de 84 años el 27 de Enero, 1904, a las 4:00 de la tarde en el Rancho Agua-Sarca. Causa de fallecimiento, dolor. Viuda de Rafael Mendoza y hija del finado Lorenzo Barajas y Rosalia Zepeda.

ANTEPASADOS DE ANGELITA

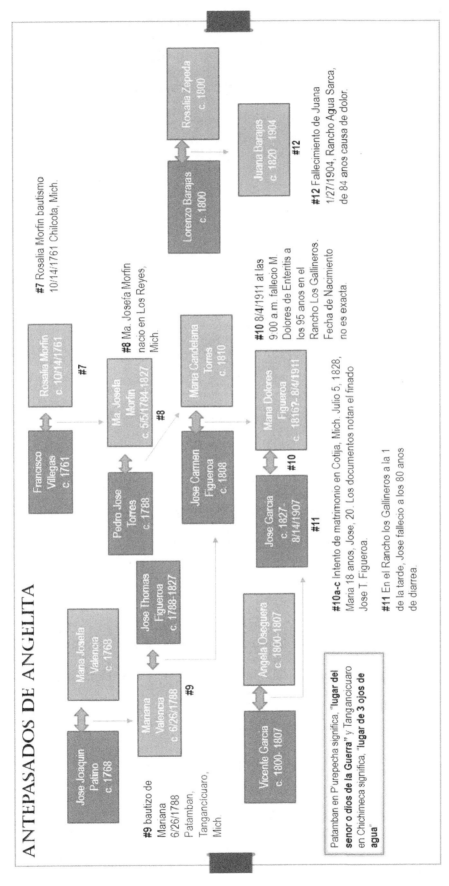

Jose Joaquin Patino c. 1768

Maria Josefa Valencia c. 1768

Mariana Valencia c. 6/26/1788 **#9**

Jose Thomas Figueroa c. 1788-1827

#9 bautizo de Mariana 6/26/1788 Patamban, Tangancicuaro, Mich

Vicente Garcia c. 1800-1807

Angela Oseguera c. 1800-1807

Francisco Villegas c. 1761

Rosalia Morfin c. 10/14/1761 **#7**

Pedro Jose Torres c. 1788

Ma. Josefa Morfin c. 5/5/1784-1827 **#8**

Jose Carmen Figueroa c. 1808

Maria Candelaria Torres c. 1810

Jose Garcia c. 1827-8/14/1907 **#11**

Maria Dolores Figueroa c. 1816?-8/4/1911 **#10**

Rosalia Zepeda c. 1800

Lorenzo Barajas c. 1800

Juana Barajas c. 1820-1904 **#12**

#7 Rosalia Morfin bautismo 10/14/1761 Chilcota, Mich.

#8 Ma. Josefa Morfin nacio en Los Reyes, Mich.

#10 8/4/1911 at las 9:00 a.m. fallecio M Dolores de Enteritis a los 95 anos en el Rancho Los Gallineros. Fecha de Nacimiento no es exacta.

#12 Fallecimiento de Juana 1/27/1904, Rancho Agua Sarca, de 84 anos causa de dolor.

#10a-c Intento de matrimonio en Cotija, Mich. Julio 5, 1828, Maria 18 anos, Jose, 20. Los documentos notan el finado Jose T. Figueroa.

#11 En el Rancho los Gallineros a la 1 de la tarde, Jose fallecio a los 80 anos de diarrea.

Patamban en P'urepecha significa, "**lugar del senor o dios de la Guerra**" y Tangancicuaro en Chichimeca significa, "**lugar de 3 ojos de agua**"

31

13- María Salome Garcia (tatarabuela)

María Salome falleció a los 36 años de pulmonia el 8 de Junio, 1902, a las 6:00 de la mañana en el Rancho de Agua Santa del Potrero de Herrera. María Salome fue hija natural de Jose Garcia y María Dolores Figueroa. Dejando viudo a Emiliano Mendoza. Los testigos fueron los cuidadanos Luis Gutierres y Jose Jimenez, los dos mayores de edad, casados y jornaleros.

#14 – Emiliano Mendoza (tatarabuelo)

Emiliano fue bautisado el 12 de Agosto de 1863, en Tingüindin, Michoacán, México. Nacio en el Potrero de Herrera, el 7 de Agosto de 1863. Sus padres fueron Rafael Mendoza y Juana Barajas.

#15 – Candelaria Farias (tatarabuela)

Candelaria falleció el 5 de Abril, 1905, a las 10:00 de la noche en Cotija de la Paz, Mich. Mex. Falleció de cancer en los riñones y diarrea ascitis a los 60 años en #47 de la calle Nacional de Cotija. Fue viuda de Maríano Barragán y hija de Ignacio Farias (finado) y Trinidad Ruiz.

#16 – Juan Barragán (bisabuelo)

Juan fue bautisado el 30 de Marzo de 1880, en Cotija, Mich., México. Nacio el 29 de Marzo 1880, sus padres fueron Maríano Barragán y Candelaria Farias. Sus padrinos fueron Francisco y Marcelina Barragán.

ANTEPASADOS DE ANGELITA

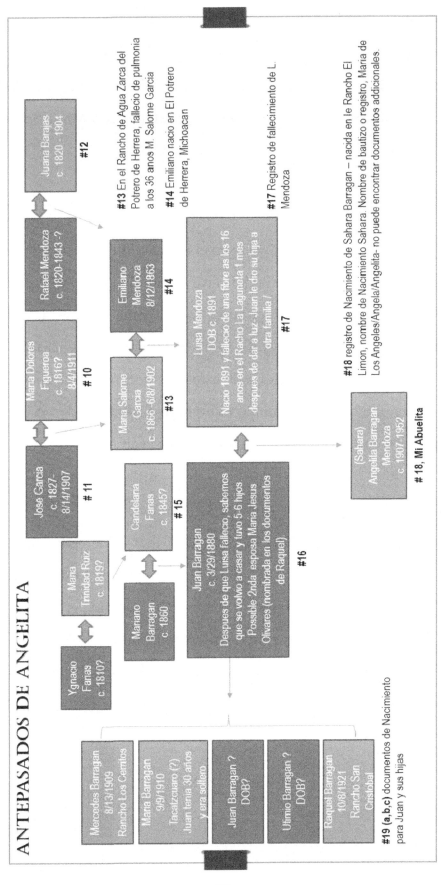

Juana Barajas c. 1820 - 1904 **#12**

Rafael Mendoza c. 1820-1843 -?

Maria Dolores Figueroa c. 1816? – 8/4/1911 **# 10**

Jose Garcia c. 1827 - 8/14/1907 **# 11**

Emiliano Mendoza 8/12/1863 **#14**

Maria Salome Garcia c. 1866 - 6/8/1902 **#13**

Maria Trinidad Ruiz c. 1819?

Luisa Mendoza DOB c. 1891 Nacio 1891 y fallecio de una fibre as los 16 anos en el Rancho La Lagunela 1 mes despues de dar a luz - Juan le dio su hija a otra familia / **#17**

Candelaria Farias c. 1845? **# 15**

Ygnacio Farias c. 1810?

Mariano Barragan c. 1860

Juan Barragan c. 3/29/1880 Despues de que Luisa fallecio, sabemos que se volvio a casar y tuvo 5-6 hijos Possible 2nda esposa Maria Jesus Olivares (nombrada en los documentos de Raquel) **#16**

(Sahara) Angelita Barragan Mendoza c. 1907 -1952 **# 18, Mi Abuelita**

#13 En el Rancho de Agua Zarca del Potrero de Herrera, fallecio de pulmonia a los 36 anos M. Salome Garcia

#14 Emiliano nacio en El Potrero de Herrera, Michoacan

#17 Registro de fallecimiento de L. Mendoza

#18 registro de Nacimiento de Sahara Barragan – nacida en le Rancho El Limon, nombre de Nacimiento Sahara. Nombre de bautizo o registro, Maria de Los Angeles/Angela/Angelita- no puede encontrar documentos addicionales.

Mercedes Barragan 8/13/1909 Rancho Los Cerritos

Maria Barragan 9/9/1910 Tacatzcuaro (?) Juan tenia 30 años y era soltero

Juan Barragan ? DOB?

Ultimio Barragan ? DOB?

Raquel Barragan 10/8/1921 Rancho San Cristobal

#19 (a,b,c) documentos de Nacimiento para Juan y sus hijas

17- Luisa Mendoza (bisabuela)

Luisa falleció de fiebre el 5 de Marzo de 1907, a las 2:00 p.m. en el Rancho La Laguneta. Luisa tenia 16 años de edad, casada y falleció al mes de haber dado a luz a una niña, Sahara Barragán. Sus padres fueron Emiliano Mendoza y María Salome Garcia. Asi esta archivado en el pueblo de Tacátzcuaro, Mich., México.

#18 – Sahara Barragán (Angelita) (abuelita)

Sahara Barragán, mi abuelita, nacio en el Rancho El Limon el 1 de Febrero, 1907, a las 6 de la mañana. El documento archivado en Tingüindin, Mich. Mex., indica que es hija natural de Juan Barragán y Luisa Mendoza. Sahara tenia un mes de nacida cuado su mamá falleció (#17 Luisa Mendoza). Juan tomó la decision de regalarla a una familia de recursos que no tenian hijos. La historia de estos acontecimientos es bien conocida en la familia. La familia que la crió, le cambio el nombre a María de los Angeles, Angela or Angelita, pero no se encontraron documentos sobre el cambio.

#19 – Hijas de Juan Barragán

Juan Barragán tuvo mas hijas despues de Sahara. Mercedes Barragán nacio en 1909, María Barragán nacida en 1910 y Raquel Barragán en 1921. La familia cree que tambien tuvo 2 hijos, Juan Barragán y Utimio Barragán, pero no se encontraron documentos sobre ellos. Los documentos de Mercedes y María indican que Juan presento a las niñas como sus hijas. Los documentos no incluyen el nomber de las madres. El documento de Raquel indica que ella es hija natural de Juan Barragán y de María Jesús Olivares. Conocia como "Jesúsita."

2

Macimo Fernández

Yo me sostengo con el amor de familia
~ MAYA ANGELOU

Macimo Fernández Barragán, mi abuelito, nacio a las 3 de la tarde, el 4 de Marzo, 1901, en Santa Inés, Michoacán. Esto fue documentado el 30 de Marzo, 1901 en la Villa de Tingüindin, Mich., y presentado por Victoriano Fernández, de Santa Inés, quien presento una constancia de Nacimiento del pueblo de Tacátzcuaro, Mich. Macimo fue hijo natural de Victoriano Fernández y Juana Barragán. Siendo testigos del acto los cuidadanos Antonio y Miguel Fernández, mallores de edad, casados, laboradores y viviendo en el mismo pueblo.

Mi abuelito Macimo, tenia un hermano mayor, Cesario Fernández Barragán (1899), un hermano menor, German Fernández Barragán (nacio en 1905), y hermanas gemelas, María Refugio y Exiquia Fernández Barragán (que nacieron en 1910). Su hermana Exiquia falleció a los 3 meses de edad, por causa de toz ferina.

Antepasados de Mácimo

#1 – Simon De Garibay & María Montañes (8° abuelos)

El archivo de Family Search indica que Simon nacio en Italia en 1700. Sus documento indica que es Español (España controlo el territorio que hoy es Italia de 1526-1706). Segun los archivos de Family Search, Simon y María se casaron antes de 1721. Este documento indica que Simon falleció y fue sepultado en 6 de Agosto de 1747, en Tlazazalca, Mich. Mex. Simon tenia "estancia"en Patzímaro, Mich., Mex. y fue marido de María de Montañes, quien murio derepente por una causa que no se administro.

#2 – Miguel & Quiteria (7° abuelos)

Miguel y María Quiteria se casaron el 11 de Enero de 1731, en Coeneo de la Libertad, Mich., Mex. El documento de su hija María Ynes Garcia (#2a), indica que los dos son Yndios de Naxanxa (hoy condocida come Naranja de Tapia, Mich., Mex.). Naxanxa fue conquistada por los primeros P'urépechas conviertiendose apartir de entonces en parte del primer asentamiento del imperio Michoaque/Michoacán P'urépecha.

#2a – María Ynes Garcia (6ª abuela)

María Ynes fue bautisada el 6 de Noviembre, 1746, en el pueblo de Tiríndaro, Municipio de Coeneo de la Libertad, Mich., Mex. Hija legitima de Miguel Garcia y Quiteria María. Sus documentos indican que ella y toda su familia y padrinos son Yndios de Naxanxa hoy condocida como Naranja de Tapia, Mich., Mex. Significando que la familia estaba en Naxanxa (nombre Indigena) antes que el nombre del pueblo se cambiara en Español a Naranja de Tapia, Mich.

#3- Jose Enrique Hurtado & Rosa María Pulido (6° abuelos)

Enrrique Hurtado se caso con RosaMaría Pulido el 31 de Julio de 1765, en la Parroquia El Señor de la Paz, Ecuandureo, Mich., Mex. Los archivos de Family Search indican que RosaMaría nacio en La Loma, Tanhuato, Mich., Mex. El documento incluyido indica que María Pulido era Española y que falleció el 20 de Marzo, 1819.

Ecuandureo es palabra Chichimeca que significa **"lugar donde venden carbon."**

#4- María Guadalupe Hurtado & Pedro Fernándes (5° abuelos)

El 7 de Febrero de 1794, en Encuandareo, Mich., se registro un intento de martrimonio por Pedro Fernándes, Español, de 30 años, originario de el Pueblo de Cinco Señores, Guanajuato. Hijo legitimo de Jose Fernándes y Ynes Garcia- difuntos ambos. El intento clarifica que quiere matrimonio con María Guadalupe Hurtado. Que los dos no tienen parentesco y el es persona sin compromisos. Se les explico la gravedad de un casamiento y su obligacion bajo la Santa Cruz. El documento nota que Pedro no sabia escribir y el representante de la Iglesia lo firmo por el.

El mismo dia se presento María Guadalupe Hurtado, Española, doncella (virgen) de 22 años, de Patzímaro de Avina, Mich. Hija legitima de Jose Enrrique Hurtado y Rosa María Pullido, vivos ambos. Ella declaro que quiere contraer matrimonio con Pedro Fernándes. Declaro que no tienen parentesco.

Pedro Fernándes y María Guadalupe Hurtado se casaron el 24 de Febrero, 1794.

#5- Juan Clemente Fernándes Urtado (4° abuelo)

Juan Clemente nacio el 25 de Octubre de 1802. Fue bautisado el 22 de Noviembre 1802, en Ecuandureo, Mich. Sus documentos indican que es parbulo Español de 28 dias de nacido. Hijo legitimo de Pedro Fernándes y María Guadalupe Urtado de Patzímaro. Fueron sus padrinos Jose Franco Urtado y su madre Ma. Guadalupe Urtado, Española.

ANTEPASADOS DE MAXIMO

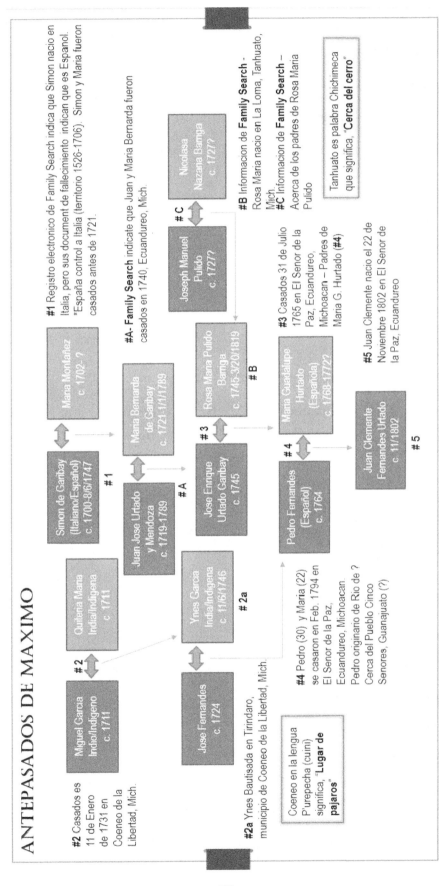

#1 Registro electronico de Family Search indica que Simon nacio en Italia, pero sus document de fallecimiento indican que es Espanol. *España control a Italia (territorio 1526-1706). Simon y Maria fueron casados antes de 1721.

#A- Family Search indicate que Juan y Maria Bernarda fueron casados en 1740, Ecuandureo, Mich.

#B Informacion de **Family Search** - Rosa Maria nacio en La Loma, Tanhuato, Mich.
#C Informacion de **Family Search** – Acerca de los padres de Rosa Maria Pulido

#3 Casados 31 de Julio 1765 en El Senor de la Paz, Ecuandureo, Michoacan – Padres de Maria G. Hurtado (**#4**)

#5 Juan Clemente nacio el 22 de Noviembre 1802 en El Senor de la Paz, Ecuandureo

Tanhuato es palabra Chichimeca que significa, **"Cerca del cerro"**

Simon de Garibay (Italiano/Español) c. 1700-8/6/1747 #1

Maria Montañez c. 1702- ?

Juan Jose Urtado y Mendoza c. 1719-1789 #A

Maria Bernarda de Garibay c. 1721-1/1/1789

Jose Enrique Urtado Garibay c. 1745 #3

Rosa Maria Pulido Bamga c. 1745-3/20/1819 # B

Joseph Manuel Pulido c. 1727? #C

Nicolasa Nazana Bamga c. 1727?

Maria Guadalupe Hurtado (Española) c. 1768-1772? #4

Pedro Fernandes (Español) c. 1764

Juan Clemente Fernandes Urtado c. 11/1802 #5

Miguel Garcia Indio/Indigeno c. 1711 #2

Quiteria Maria India/Indigena c. 1711

Ynes Garcia India/Indigena c. 11/6/1746 # 2a

Jose Fernandes c. 1724

#2 Casados es 11 de Enero de 1731 en Coeneo de la Libertad, Mich.

#2a Ynes Bautisada en Tirindaro, municipio de Coeneo de la Libertad, Mich.

Coeneo en la lengua P'urepecha (cuini) significa, **"Lugar de pajaros"**

#4 Pedro (30) y Maria (22) se casaron en Feb. 1794 en El Senor de la Paz, Ecuandureo, Michoacan. Pedro originario de Rio de ? Cerca del Pueblo Cinco Senores, Guanajuato (?)

#6- Juan Joseph Hurtado (8° abuelo)

Juan Joseph fue bautisado el 3 de Octubre de 1713, en Tlazazalca, Mich., Mex. Sus padres fueron Ignacio Urtado y Francisca Yepes. Su registro de bautiso indica que el y su familia son Mestizos del pueblo de Huapamacato, Mich. Mex. En Julio del año 1772, falleció Juan Joseph y dejo viuda a Bernarda Montañes.

#7- Jose Fermin Hurtado (7° abuelo)

Joseph Fermin fue bautisado el 23 de Agosto de 1739, en Zináparo, Mich., Mex. Hijo legitimo de Juan Joseph Hurtado y Bernarda Montañes del pueblo de Tarímbaro. Fueron sus padrinos Juan Garibay y Manuela Montañes, sus tios.

#8- Jose Fermin & María Guadalupe Aguilar (7° abuelos)

El 30 de Mayo 1789, en Ecuandureo, Mich., Mex. La hija de Jose Fermin y María Guadalupe Urtado, María Petronilla Urtado, es nombrada en este intento de matrimonio. María Petronilla se caso con Jose María Sandoval, Español de 18 años, originario del Cerro Colorado Yurécuaro, Mich., Mex. Jose María era hijo de Juan Sandoval y María Rosalia Diaz.

**Nota: Jose Fermin y Maria Guadalupe eran primos hermanos. **

#9- María Phelipa de Traba (6ª abuela)

María Phelipa de Traba nacio May 1, 1766, en Santa Barbara, Mich., Mex. María Phelipa fue bautisada el 4 de Mayo, 1766, en San Juan Bautista, Zináparo, Mich., Mex. Fue hija legitima de Benito de Traba y María Gerbacia Leiva, Españoles los dos.

#10- Juan Francisco (6° abuelo)

Juan Franco Peres falleció y fue sepultado el 24 de Agosto de 1815, en Yurécuaro, Michoacán, Mex. Juan deja a vidua a María Luisa Albares.

#11- Francisco Peres & María Guadalupe (5° abuelos)

Francisco Peres y María Guadalupe Hurtado establecen su intento de matrimonio el 30 de Junio 1807, en Ecuandureo, Mich., Mex. El documento indica que Francisco es soltero, de 18 años y es de "calidad Español." Francisco fue originario de Patzímaro, Mich. y hijo legitimo de Juan Francisco Peres y Maria Luisa Alvares, vivos los dos durante los hechos. María Guadalupe Hurtado Tambien se presenta para declarar que quiere contraer matrimonio con Francisco Peres. El documento indica que María es de "calidad Española" originaria de Puesto de Salto, tiene 17 años y es doncella (señorita/virgen). María fue hija legitima de Juan Victoriano Hurtado y de María Felipa Trava, vivos los dos durante los hechos.

#12- Margarita Peres & Juan Fernández (4° abuelos)

El 28 de Marzo de 1843, Juan Fernándes y Margarita Peres se casan. Juan es originario de Patzímaro, Mich., Español, de 38 años. Hijo legitimo de Pedro Fernándes (difunto) y Guadalupe Hurtado. Margarita Peres, es originaria de Patzímaro, Mich., Española, de 15 años. Hija legitima de Franco Peres y Guadalupe Urtado (difunta). El documento indica que Juan y Margarita viven juntos.

ANTEPASADOS DE MAXIMO

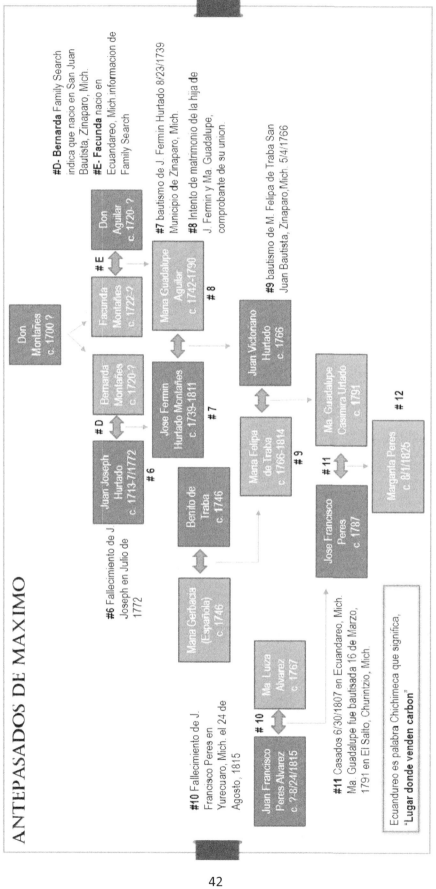

#D- Bernarda Family Search indica que nacio en San Juan Bautista, Zinaparo, Mich.

#E- Facunda nacio en Ecuandareo, Mich.informacion de Family Search

#7 bautismo de J. Fermin Hurtado 8/23/1739 Municipio de Zinaparo, Mich.

#8 Intento de matrimonio de la hija de J. Fermin y Ma. Guadalupe, comprobante de su union.

#9 bautismo de M. Felipa de Traba San Juan Bautista, Zinaparo,Mich. 5/4/1766

Don Montañes c. 1700 ?

Don Aguilar c. 1720- ?

Facunda Montañes c. 1722-?

Maria Guadalupe Aguilar c. 1742-1790

E

8

Bernarda Montañes c. 1720-?

Jose Fermin Hurtado Montañes c. 1739-1811

Juan Victoriano Hurtado c. 1766

D

7

Juan Joseph Hurtado c. 1713-7/1/1772

6

Benito de Traba c. 1746

Maria Felipa de Traba c. 1766-1814

9

Ma. Guadalupe Casimira Urtado c. 1791

Margarita Peres c. 8/1/1825

12

#6 Fallecimiento de J Joseph en Julio de 1772

Maria Gerbacia (Española) c. 1746

Jose Francisco Peres c. 1787

11

Ma. Luiza Alvarez c. 1767

Juan Francisco Peres Alvarez c. ?-8/24/1815

10

#10 Fallecimiento de J. Francisco Peres en Yurecuaro, Mich. el 24 de Agosto, 1815

#11 Casados 6/30/1807 en Ecuandareo, Mich. Ma. Guadalupe fue bautisada 16 de Marzo, 1791 en El Salto, Churintzio, Mich.

Ecuandureo es palabra Chichimeca que significa, **"Lugar donde venden carbon"**

#13 - María Petra (tatarabuela)

María Petra nacio el 29 de Abril, 1846, en Patzímaro, Mich. Fue bautisada el 4 de Mayo de 1846, en Ecuandureo, Mich. Sus documentos indican que es Española y fue la hija legitima de Juan Fernándes y Margarita Peres.

#14- María Josefa (5ª abuela)

María Josefa Fecunda nacio el 12 de Mayo, 1801, en Santa Inés, Mich., Mex. Fue bautisada el 17 de Mayo, 1801, en la Asuncion de María, Tingüindin, Mich. Su documento indica que es Española, hija legitima de Jose Ygnacio Fernández y María Guadalupe Espinoza.

#15- Juana María de la Concepcion Fernández (tatarabuela)

Juana María de la Concepcion nacio el 30 de Noviembre, 1840, en Santa Inés, Mich. Fue bautisada el 3 de Diciembre, 1840, en Tingüindin, Mich. Sus documentos indican que es de desendencia Española, y fue hija legitima de Jose Antonio Fernándes y María Trinidad Barragán.

El 15 de Febrero de 1912, a las 10:00 de la noche, falleció de enfermedad desconosida Juana María de la Concepcion en Santa Inés, Mich. Juana tenia 70 años y era viuda de Mascimo Barragán. Habiendo sido hija del finado Antonio Fernández y de María Trinidad Barragán.

#16-Jose Gregorio (papá de Máximo Barragan, 4° abuelo)

Jose Gregorio Fernándes Fernándes nacio el 8 de Marzo, 1835, en Santa Inés, Mich. Fue bautisado el 16 de Marzo, 1835, en Tingüindin, Mich. Fue hijo legitimo de Martin Fernándes y María Josefa Fernándes. Sus padrinos fueron Jose Anthonio Fernándes y su esposa María Fernanda Barragán de Santa Inés, Mich.

ANTEPASADOS DE MAXIMO

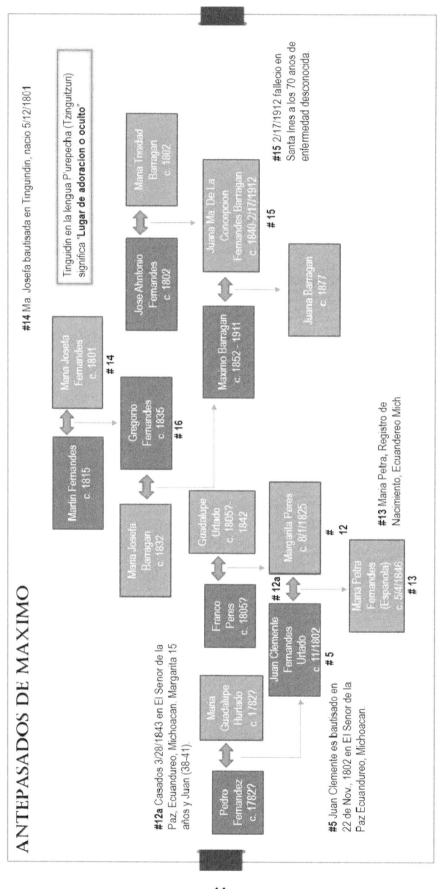

#14 Ma. Josefa bautisada en Tinguindin, nacio 5/12/1801

Tinguidin en la lengua P'urepecha (Tzinguitzuri) significa **"Lugar de adoracion o oculto"**

Martin Fernandes
c. 1815

Maria Josefa Fernandes
c. 1801
 # 14

Gregorio Fernandes
c. 1835
 # 16

Maria Josefa Barragan
c. 1832

Maria Trinidad Barragan
c. 1802

Jose Ahntonio Fernandes
c. 1802

Juana Ma. De La Concepcion Fernandes Barragan
c. 1840- 2/17/1912
 # 15

Maximo Barragan
c. 1852 - 1911

Juana Barragan
c. 1877

#15 2/17/1912 fallecio en Santa Ines a los 70 anos de enfermedad desconocida.

Guadalupe Urtado
c. 1805?- 1842

Margarita Peres
c. 8/1/1825
 # 12

Maria Petra, Registro de Nacimiento, Ecuanderreo Mich.
#13

Franco Peres
c. 1805?

Juan Clemente Fernandes Urtado
c. 11/1802
 # 5

Maria Petra Fernandes (Espanola)
c. 5/4/1846
 # 13

Pedro Fernandez
c. 1782?

Maria Guadalupe Hurtado
c. 1782?

#12a Casados 3/28/1843 en El Senor de la Paz, Ecuandureo, Michoacan. Margarita 15 años y Juan (38-41).
 # 12a

#5 Juan Clemente es bautisado en 22 de Nov., 1802 en El Senor de la Paz Ecuandureo, Michoacan.

#17- Petra Paula (6ª abuela)

Petra Paula fue bautisada el 12 de Enero, 1752, en Irimbo, Mich. Originaria de el pueblo de Senguio, Mich. Fue hija legitima de Antonio Joseph y María Pascuala, Yndios todos. Sus padrinos fueron Don Marcos Joseph de Escalante y Eventa (?).

Senguio es palabra P'urépecha que significa, "**limites**." Los tribus originarios de Senguio eran los Mazahuas, dentro de los limites de la frontera P'urépecha con el imperio Mexica, en la region del tribu Chichimeca.

#18- María Anttonia (6ª abuela)

María Anttonia Casto Espinosa fue bautisada el 16 de Enero, 1754, en Maravito, Mich. Sus documentos indican que fue hija legitima de Joseph Bernardo Garsia (Español) y María Anttonia Espinosa (Mestiza) de Maravito. Su padrino fue Nicolas Garsia, Español, soltero de Maravito, Mich.

La palabra Maravito fue interpretada de la palabra P'urépecha, muruati, que significa "**lugar precioso o lugar con flores**." Maravito es conosido por sus paisajes verdes. Los tribus indigenas que habitaban a Maravito incluyeron: Matlatzincas, Otomí, Mazahuas y P'urépecha.

#19- Visente Fernández (5° abuelo)

Eugenio Vicente Fernández nacio el 16 de Diciembre 1772, en el Barrio de San Miguel, Cuitzeo, Mich. Fue bautisado el 23 de Diciembre, 1772. Sus documentos indican que fue hijo legitimo de Joseph Fernández y Petra Paula, Indios todos del Barrio San Miguel en Cuitzeo, Mich. Cuitzeo (Cuiseo) en la lengua P'urépecha significa "**lugar de las tinajas or vasijas**" con associacion al Lago de Cuitzeo.

#20- María Josefa de Castro (5ª abuela)

María Josefa Dela Luz Hernandez de Castro fue bautisada el 21 de Febrero, 1775, en Maravatio de Ocampo, Mich. Su documentos indican que es Española de la Hacienda Pateo El Grande. Fue hija legitima de Rafael Hernandez y Antonia de Castro. Fueron su padrinos Pedro Joseph Rebollar y Antonia Gertrudis de Castro de otra hacienda.

#21- Jose Franco (4° abuelo)

Jose Franco Miguel Fernándes fue bautisado el 3 de Febrero, 1802, en Morelos, Mich. Sus documentos indican que es Español de Llano Grande. Fue hijo de Visente Fernándes y María Josefa de Castro. Fueron sus padrinos Pedro Joseph Hernandez y Juana Manuela, su mujer.

#22- Eulogio Fernández (tatarabuelo)

Jose Eulogio Fernándes Malfabon nacio el 10 de Marzo, 1836, en Santa Inés, Mich. Fue bautisado el 12 de Marzo, 1836 en Tingüindin, Mich. Hijo legitimo de Franco Fernándes y de María Manuela Malfabon de Santa Inés, Mich. Fueron sus padrinos, Vicente Espinosa y su madre María Maldonado de La Laguneta, Mich.

#22a- Eulogio & María Antonia Padilla (primera esposa)

En el 15 de Diciembre de 1860, en Zamora, Mich., María Antonia Padilla de cuarenta años falleció de inflamacion. Dejando viudo a Eulogio Fernández.

ANTEPASADOS DE MAXIMO

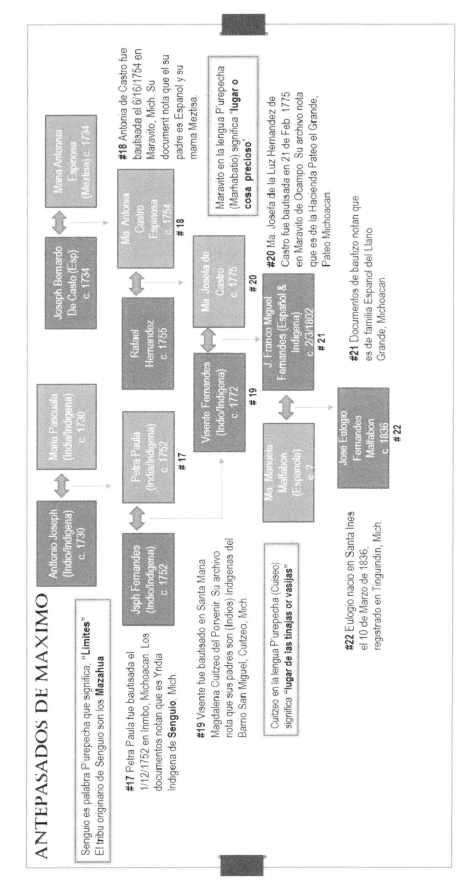

Senguio es palabra P'urepecha que significa, "**Limites**"
El tribu originario de Senguio son los **Mazahua**

Antonio Joseph (Indio/Indigena) c. 1730

Maria Pascuala (India/Indigena) c. 1730

Joseph Bernardo De Casto (Esp) c. 1734

Maria Antonia Espinosa (Meztisa) c. 1734

Jsph Fernandes (Indio/Indigena) c. 1752

Petra Paula (India/Indigena) c. 1752 #17

Rafael Hernandez c. 1755

Ma Antonia Castro Espinosa c. 1754 #18

Visente Fernandes (Indio/Indigena) c. 1772 #19

Ma Josefa de Castro c. 1775 #20

Ma Manuela Malfabon (Espanola) c. ?

J Franco Miguel Fernandes (Español & Indigena) c. 2/3/1802 #21

Jose Eulogio Fernandes Malfabon c. 1836 #22

#17 Petra Paula fue bautisada el 1/12/1752 en Irimbo, Michoacan. Los documentos notan que es Yndia Indigena de **Senguio**, Mich.

#18 Antonia de Castro fue bautisada el 6/16/1754 en Maravito, Mich. Su document nota que el su padre es Espanol y su mama Meztisa.

Maravito en la lengua P'urepecha (Marhabatio) significa "**lugar o cosa precioso**"

#19 Visente fue bautisado en Santa Maria Magdalena Cuitzeo del Porvenir. Su archivo nota que sus padres son (Indios) Indigenas del Barrio San Miguel, Cuitzeo, Mich.

Cuitzeo en la lengua P'urepecha (Cuiseo) significa **"lugar de las tinajas or vasijas"**

#20 Ma. Josefa de la Luz Hernandez de Castro fue bautisada en 21 de Feb. 1775 en Maravito de Ocampo. Su archivo nota que es de la Hacienda Pateo Pateo el Grande, Pateo Michoacan.

#21 Documentos de bautizo notan que es de familia Espanol del Llano Grande, Michoacan.

#22 Eulogio nacio en Santa Ines el 10 de Marzo de 1836, registrado en Tinguindin, Mich.

#23- Eulogio & Petra Fernández (tatarabuelos)

Eulogio Fernández y María Petra Fernández se casaron el 13 de Junio, 1865, en Tingüindin, Mich. El documento indica que los dos son de Santa Inés, Mich.

Historia de la familia- Por profesión, Eulogio era un maestro. Eulogio apollaba las ideas de justa distribucion de la tierra, entre las personas que trabajan en la agricultura. Estas creencias fueron las raices de el movimiento Agrarismo en México. Esto le causo problemas con el gobierno/ejercito. El gobierno lanzo una búsqueda por el, en el tramite de la búsqueda, Eulogio mato a soldados, los numeros exactos no se saben. Cuando los soldados lo encontraron, lo rodearon y lo mataron a balazos, con un caballo, arastraron su cuerpo por las calles de Santa Inés y luego colgaron su cuerpo en un lugar conocido como Los Pinos, afuera de Santa Inés. *Historia familiar compartida* por my Abuelito, Máximo Fernández (sobre su abuelo Eulogio, mi tatarabuelo).

El Agrarismo en México desempeño un papel significativo antes, durante y despuse de la Revolución, como movimiento de carácter politico y social que demanda una justa distribución de la tierra.

#24- Jose Fernández (el primer hijo de Victoriano)

El 6 de Augosto, 1896, Victoriano Fernández se presento en el juzgado de Tingüindin, Mich. Dando parted que el infante Jose Fernández, hijo de Victoriano Fernández y de Carlotta Fernández de el rancho de Santa Inés, falleció de enfermedad incierta a un dia de nacido. Sus testigos fueron Marcelino Lazaro y Odon Fernández.

#25 Victoriano & Juana (bisabuelos)

En Tacátzcuaro, Mich. El 3 de Abril, 1897, se presento Victoriano Fernández de 25 años declarando que quiere contraer matrimonio con Juana Barragán de el rancho de Santa Inés, Mich. Victoriano fue hijo de Eulogio Fernández y Petra Fernández. Jurando por Dios Nuestro Señor y la Santa Cruz que not tiene pendientes con otra persona.

El mismo dia se presenta Juana Barragán declarando que efectivamente quiere contraer matrimonio con Victoriano Fernández. Jurando por Dios Nuestro Señor y la Santa Cruz que not tiene pendientes con otra persona. Originaria de el rancho de Santa Inés, Mich., de 22 años y hija legitima de Máximo Barragán (finado) y Concepcion Fernández (que vive).

Luego se presento Concepcion Fernández declarando que da licensia para que Juana se case con Victoriano.

El 25 de Mayo, 1897 en Zamora, Mich. Se casan Victoriano Fernández y Juana Barragán.

ANTEPASADOS DE MAXIMO

#22 Eulogio nacio 10 de Marzo 1836 en Santa Ines, Michoacan. Fue bautisado el 12 de Marzo 1836 en Tinguindin, Mich.

#22c Primera esposa de Eulogio casados

#24 Jose fallecio 1 dia despues de nacer de enfermedad.

#23 Eulogio (29) y Petra (19) casados 6/13/1865 en la Asuncion Maria, Tinguindin, Michoacan

#25 Casados en Abril 1897 en Santa Ines-Victoriano tenia 25 anos y Juana 22

#26 Censo de 1930- Hijos de Victoriano y Juana,

#27 Macimo nacio el 4 de Marzo 1901 en Santa Ines, Mich.

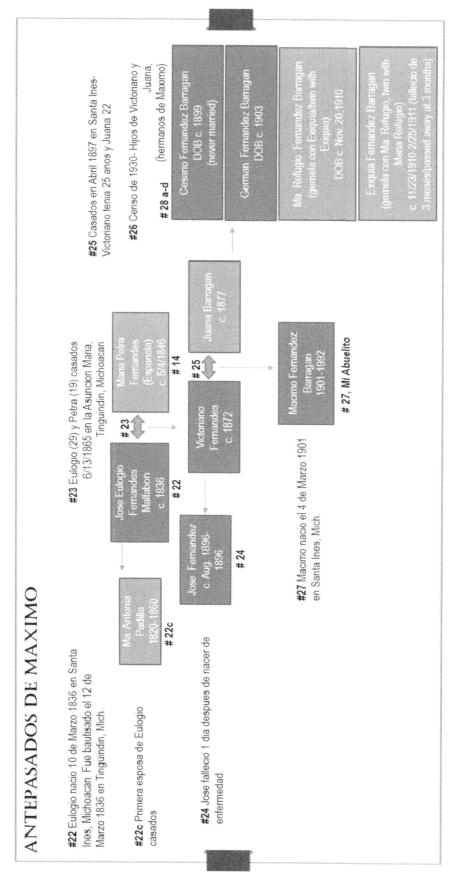

#28 a-d (hermanos de Maximo)

Cesario Fernandez Barragan
DOB c. 1899
(never married)

German Fernandez Barragan
DOB c. 1903

Ma Refugio Fernandez Barragan
(gemela con Exiquia/twin with Exiquia)
DOB c Nov 20,1910

Exiquia Fernandez Barragan
(gemela con Ma. Refugio, twin with Maria Refugio)
c. 11/23/1910-2/25/1911 (fallecio de 3 meses/passed away at 3 months)

Ma. Antonia Padilla 1820-1860
 # 22c

Jose Fernandez c. Aug. 1896-1896
 # 24

Jose Eulogio Fernandes Malfabon c. 1836
 # 22

Maria Petra Fernandes (Espanola) c. 5/4/1846
 # 23

Victoriano Fernandes c. 1872

Juana Barragan c. 1877
 # 14

 # 25

Macimo Fernandez Barragan 1901-1992
 # 27, Mi Abuelito

#26 Censo 1930 Victoriano con Juana y su familia

En el Censo de 1930 de Michoacán, estan registrado Victoriano & Juana, viviendo juntos en Santa Inés, Mich. con dos de sus cinco hijos.

Linea 70 del censo es Victoriano, soltero, registrado come jefe de la familia, de 60 años, que sabe leer y escribir, profesion jornalero de campo, nacido en Santa Ines, cuidadano Mexicano, habla Español, tiene propiedad en el campo y su familia vive en la casa de su propiedad, religion Catolico.

Linea 71 es Juana (por error, su apelido esta escrito come Hernandez) edad 58, soltera, que solo sabe leer, domestica, nacida en Santa Inés, cuidadana Mexicana, habla Español, religion Católica.

Linea 72 es Sesario Fernández, hombre, soltero de 30 años, jornalero, que solo sabe leer, nacido en Santa Ines, cuidadano Mexicano, habla Español, religion Católica.

Linea 73 es María Refugio Fernández, mujer, 27 años, domestica, que solo sabe leer, nacida en Santa Inés, ciudadana Mexicana, habla Español, religion Católica.

Victoriano y Juana tuvieron 5 hijos, Cesario, Macimo, German, María Refugio y Exiquia (gemelas). No hay documentos sobre Cesario (solamente el Censo de 1930).

#27-Macimo Fernández (Abuelito)

El 30 de Marzo, 1901 en la Villa de Tingüindin, Mich., se presento Victoriano Fernández, vecino de Santa Inés, quien presento una constancia de Nacimiento. Manifestando que a las 3:00 de la tarde del 4 de Marzo, 1901, nacio vivo un niño a quien le puso por nombre Macimo Fernández. Hijo natural de Victoriano Fernández y Juana Barragán. Siendo testigos del acto los cuidadanos Antonio y Miguel Fernández, mallores de edad, casados, laboradores y viviendo en el mismo pueblo.

#28a - German Fernández (Tío abuelo)

Los documentos indican que el 6 de Junio, 1903, en Tingüindin, Mich. Se recibio una constancia de Tacátzcuaro, Mich., con fecha de Junio 2, 1903 que el 1 de Junio, 1903, nacio en el rancho Santa Inés, un niño, de nombre German Fernández. Hijo de Victoriano Fernández, de 35 años, soltero, jornalero. Presenciaron el acto Refugio Gonzalez y Porfirio Canales, mayores de edad, solteros, jornaleros de esta vecindad.

#28b María Refugio Fernández (Tía abuela)

En la Villa de Tingüindin, Mich. el 21 de Noviembre 1910, Victoriano de 40 años, soltero, jornalero de Santa Ines, presento un acta de Nacimiento del juez de Tacátzcuaro, Mich. Que informa que el 20 de Noviembre a las 12 de la noche, nacio una niña viva que le puso por nombre María Refugio Fernández. Hija de Victoriano. Presenciaron el acto 2 señores, Sr. Juarez y Sr. Oseguera, mallores de edad, casados, jornaleros del mismo domicilio y sin parentesco. El documento no menciona que María Refugio era gemella con Exiquia.

#28c Exiquia Fernández (Tía abuela)

En la Villa de Tingüindin, Mich. el 24 de Noviembre 1910, Victoriano de 40 años, soltero, jornalero de Santa Ines, presento un acta de Nacimiento del juez de Tacátzcuaro, Mich. Que informa que el 23 de Noviembre a las 8 de la noche, nacio una niña viva que le puso por nombre Exiquia Fernández. Hija de Victoriano. Presenciaron el acto 2 señores, Rafael Cararez y Antonio Andrade, mallores de edad, casados, jornaleros del mismo domicilio y sin parentesco.

#28d Exiquia Fernández (fallecimiento/death)

En la Villa de Tingüindin, Mich. el 25 de Febrero, 1911, a las 9:00 a.m., Victoriano Fernández de Santa Inés, presento un acta del Juez de Tacátzcuaro, Mich. Que informa que el 24 de Febrero a las 10:00 de la mañana falleció de Toz Ferina, Exiquia Fernández, de tres meses de edad. Hija de Victoriano Fernández y de Juana Barragán. Presenciaron el acto 2 señores, Clemente Arteaga y Cerilo Espinosa, mallores de edad, casados, jornaleros del mismo domicilio y sin parentesco.

3

Máximo & Angelita Fernández

En todas las formas imaginables, la familia es un vínculo con nuestro pasado, un puente hacia nuestro futuro

~ ALEX HALEY

Máximo y Angelita, mis abuelitos, fueron casados por la iglesia, pero no se encontraron documentos. Los únicos documentos que encontre sobre su union es el censo de 1930, y los registros de nacimiento de María (#5) y Jesús (#9). My abuelita, Angelita, falleció en 1952, meses despues de que falleció su hijo, Juan, en un tiroteo. Mi abuelita tenia approximadamente 45 años y falleció embarazada con gemelos. No hay fotos de ella. Mi abuelito media (5'6-5'7) de estatura, delgado, de ojos verdes. Despues que fallecio my abuelita, el nunca se volvio a casar, se dedico a sus hijos y falleción en 1992 a los 92 años de edad.

De sus 13 hijos, solamente 6 sobrevivieron para tener sus propias familias.

Máximo y Angelita (Sahara) Fernández

Máximo y Angelita- Información del Censo del 1930

En el Censo de 1930 de Michoacán, estan registrado Máximo y Angelita, viviendo juntos en Agua Zarca, municipio de Tocumbo, Mich., con dos de sus hijos.

Linea 47 del censo es Máximo, Casado por la Iglesia, registrado come jefe de la familia, de 30 años, que no sabe leer o escribir, profesion jornalero de campo, nacido en Michoacán, cuidadano Mexicano, habla Español, y su religión es Católica.

Linea 48 es Angelita, edad 22, Casada por la Iglesia, que no sabe leer or escribir, domestica, nacida en Michoacán, cuidadana Mexicana, habla Español, religión Católica.

Linea 49 es Juan Fernández, hombre, de 4 años, nacido en Michoacán, cuidadano Mexicano, religion Católica.

Linea 50 es Cesario Fernández, hombre, de 3 años, nacido en Michoacán, ciudadano Mexicano, religion Católica.

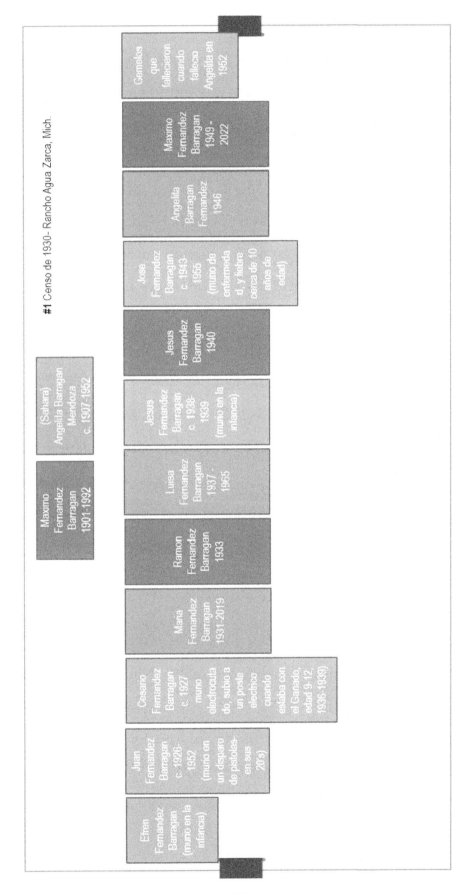

#1 Censo de 1930- Rancho Agua Zarca, Mich.

Maximo Fernandez Barragan 1901-1992

(Sahara) Angelita Barragan Mendoza c. 1907-1952

Efrain Fernandez Barragan (murio en la infancia)

Juan Fernandez Barragan c. 1926-1952 (murio en un disparo de pistolas- en sus 20's)

Cesario Fernandez Barragan c. 1927 murio electrocutado, subio a un poste electrico cuando estaba con el ganado, edad 9-12, 1936-1939)

Maria Fernandez Barragan 1931-2019

Ramon Fernandez Barragan 1933

Luisa Fernandez Barragan 1937 - 1965

Jesus Fernandez Barragan c. 1938-1939 (murio en la infancia)

Jesus Fernandez Barragan 1940

Jose Fernandez Barragan c. 1943-1955 (murio de enfermedad, y fiebre cerca de 10 años de edad)

Angelita Barragan Fermandez 1946

Maximo Fernandez Barragan 1949 - 2022

Gemelos que fallecieron cuando fallecio Angelita en 1952

#1 – Efren Fernández Barragán (mi tío)

Efren fue el primer hijo de Máximo y Angelita. No se encontraron documentos sobre el. Por historia de la familia, sabemos que murio en la infancia y que Máximo y Angelita se quedaron sin hijos.

#2 – Juan Fernández Barragán (mi tío)

Juan fue el segundo hijo de Máximo y Angelita. Nacio en 1926 y falleció en Abril de 1952, tenia veinte cinco años mas o menos cuando murio de un valaso en un tiroteo con otro hombre en la Plaza de Santa Inés, Mich. Testigos as este evento fueron mis tios (Ramon y Jesús y mi tía Maria).

#3 – Cesario Fernández Barragán, (mi tío)

Cesario fue su tercer hijo. Nacio en 1927. El murio a resultado de ser electrocutado. Tenia approximadamente 9-12 años estaba cuidando ganado cuando subio un poste electrico y desafortunadamente se acerco demasiado a los cables electricos. La electricidad lo tumbo y sufrio quemaduras en su cuerpo. Falleció despues de unas semanas por sus heridas. Testigos de este evento fueron los miembros de la familia incluyendo a mi Tía Maria.

#4 – María Fernández Barragán (mi tía)

María fue la primera hija de Máximo y Angelita. Nacio el 12 de Agosto 1931, a las 2:00 de la mañana. Hija legitima de Máximo Fernández y Angela Barragán. Abuelos paternos- Victoriano Fernández y Juana Barragán. Abuelos maternos – Juan Barragán y Luisa Mendoza. Sus padrinos fueron Rafael Orozco y Elenteria Orozco. El documento Tambien incluye un nota, "Se caso el Santa Inés, Mich. Con J. Jesús Oseguera el 9 de Marzo de 1959."

#5 – Ramon Fernández Barragán (mi tío)

Ramon es el cuarto hijo de Máximo y Angelita. No se encontraron documentos sobre el.

#6 – Luisa Fernández Barragán (mi tía)

Luisa fue su segunda hija. Nacio el 5 de Mayo, 1937. No se encontraron documentos sobre ella.

#7 – Jesús Fernández Barragán (mi tío)

Jesús fue el quinto hijo. No se sabe la exacta fecha de Nacimiento, pero fue aproximadamente en 1938 y murio en la infancia. No se encontraron documentos sobre el.

#8 – Jesús Fernández Barragán (mi tío)

Jesús el sexto hijo. Nacio en Julio 20, 1940, en Periban, Michoacán. Fue baptisado el 26 de Julio 1940. El documento indica que es hijo legitimo de Máximo Fernández y María de los Angeles Barragán. Tambien incluye los nombres de los abuelos paternos – Victoriano Fernández y Juana Barragán. Y los abuelos maternos- Juan Barragán y Luisa Mendoza. Sus Padrinos fueron Francisco Ochoa y Ramona Higareda.

#9 – Jose Fernández Barragán (mi tío)

Jose fue el septimo hijo. Nacio cerca de 1943 y murio en 1955. Murio por enfermedad de su vesícula biliar. No se encontraron documentos sobre el.

#10 – Angelita Fernández Barragán (mi mamá)

Angelita fue la tercera hija y numero 10 en la familia. Nacio en 1946. No se encontraron documentos sobre ella.

#11 – Máximo Fernández Barragán (mi tío y padrino)

Máximo fue el octavo hijo. Nacio en 1949 en Santa Inés, Mich. No se encontraron documentos sobre el.

#12 & #13 – Gemelos/gemelas Fernández Barragán

En el mes de Mayo en 1952 despues que Juan falleció en el tiroteo, Angelita falleció. Ella estaba embarasada con gemelos.

Familia Fernández Barragán y descendientes

#1

#2

#3

#4

#5

#1-Tía Maria, boda

#2- Foto de la familia de Tía Maria

#3- Abuelito Maximo y Tía Refugio, Santa Inés, Mich.

#4- Angelita y Tía Maria, Los Reyes, Mich.

#5- Tío Max, Mamá, Tio Jesus, Abuelito Maximo, Tía Maria, Tio Ramon, Uruapan, Mich. 1992

María Fernández de Oseguera y familia

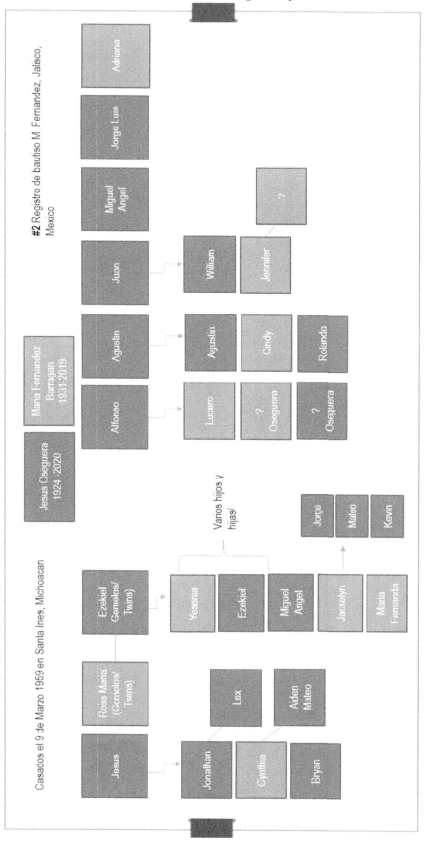

#1

#2

#3

#4

#5

#6

#1- Tía Maria con Jesús su primer hijo, Jesús

#2- Los primos en Santa Inés, c. 1975/the cousins in Santa Inés c. 1975- Alejandra, Jorge, Agustin, Adriana, Miguel Angel, Juan, Ezekiel, Alfonso y Jesús

#3- Tía Maria y su esposo, Tío Jesús

#4- Rosa Maria, Adriana, Tía Maria, Ezekiel, Abuelito Maximo y Tío Max

#5 Tía Maria y Jorge

#6 Tía Maria y Abuelito Maximo

Ramon Fernández y familia

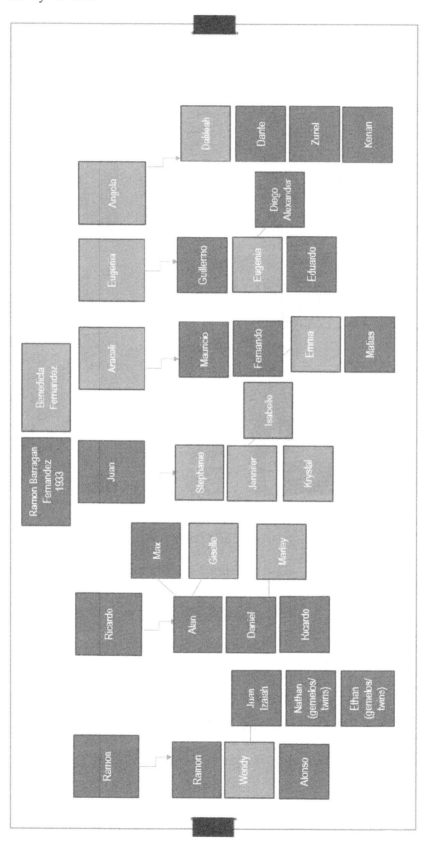

#1

#2

#3

#4

#1-Tío Ramon, 18-20 años

#2- Las primas, Araceli, Alejandra, Eugenia,
Angela- Las Lomas, Watsonville, CA c. 1975

#3-Tío Ramon, Angelita (mamá) y Tío Max

#4- Familia Fernández, 25 años de casados,
Ricardo, Ramon Jr., Tío Ramon, Juan, Tía
Beni, Eugenia, Araceli y Angela

#5 Nakai, Tía Beni, Alejandra, Tío Ramon,
Kairese y Ray -Sacramento, CA

#5

Luisa Fernández Barragán y familia

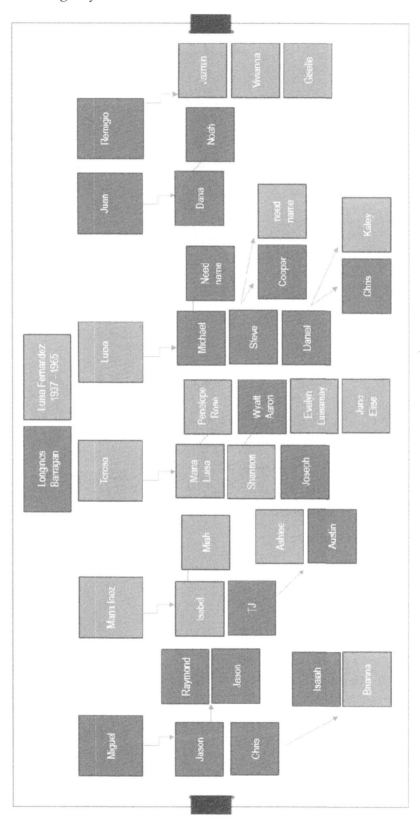

Tía Luisa con su primer hijo, Miguel
Santa Inés, Michoacán, México

Miguel, Inés y Teresa – los primeros 3 hijos de Tía Luisa

Jesús Fernández, Angelita Fernández y Máximo Fernández y familias

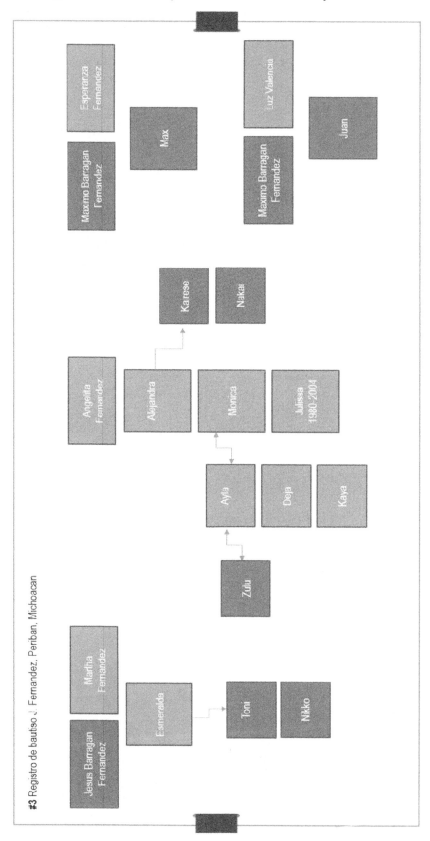

#1

#2

#3

#4

#5

#1- Tio Jesús de 20 años

#2- Abuelito Max y Tio Jesús

#3- Tio Jesús y su esposa Marta

#4- Tio Jesús y su hija, Esmeralda

#5- Tio Max, Angelita (mamá), Tio
Jesús, Alejandra y Tía Maria
Morgan Hill, CA

73

#1

#2

#3

#1- Monica, Abuelito Maximo y Alejandra, c. 1977/78, Watsonville, CA

#2- baby Ayla, Monica, Alejandra, Julissa, y Mamá, San José, CA- c. 1993/4

#3- Mamá, Nakai, Zulu, Tío Max y Kairese, San José, CA 2018

#4- Terrence, Kairese, Nakai y Alejandra, San José, CA, 2021

#4

#1

#2

#3

#4

#5

#1- Foto con Madrina Esperanza y Padrino/Tío Max, baby Alejandra, Watsonville, CA

#2-Madria, Tío Max y Max (hijo/son)

#3- Abuelito y Tío Max, haciendo carnitas, Uruapan or Santa Inés, Michoacán

#4- Tía Maria y Tío Max, casa de Tía Maria, Santa Inés, Michoacán

#5- Tio Max, Juan (hijo/son) y 2nda esposa/2nd wife, Luz Maria

#1- Julissa, c. 1985, #2- Monica, Alejandra y Julissa, c. 1991/2, #3- Tío Jesus y Mamá, 2022 Watsonville, CA, #4- Kaya, Ayla, Déjá, c. 2006, #5- Ayla, Kaya, Déjá, c. 2022, #6- Nakai, Angelita, Kairese, c. 2016, Carmel, CA, #7- Kairese, Angelita, Nakai, 2017, San José, CA.

4

Tu Historia

Verdadero/a a tus ancestros, por lo tanto verdadero/a a ti mismo/a
~ RUSSELL MEANS

Esta sección ofrece instruciones para que empiezes a descubrir la historia de tu familia. Incluyendo un organigrama (modelo) para ayudarte a empezar, instrucciones para que te registres a un sitio gratuito de archivos y documents de genealogía, y recursos addiciones que me han ayudado en mi búsqueda. Addicionalmente, incluyo una lista de términos, observaciones y temas que encontre frecuentemente y los he identificado para ayudarte a superarlos. Disfruta esta experiencia, trazando tus raíces, aprendiendo tu historia, para conocer la historia de tu familia. Espero que este libro te inspire para escribir un libro sobre tu family…el mundo necesita nuestras historias. Gracias.

El principio de tu historia

Completa el organigrama con la información familiar que tengas disponible. No importa que no tengas fechas o detalles exactos.

Crear una cuenta gratitua en un sitio de genealogía por internet
(hay muchos sitios disponibles, uno que uso frequentemente es
www.familysearch.com)
Empieza a buscar los archivos de tus padres/abuelos.

Recommiendo que completes un kit the ADN para tener una mejor idea de todos los lugares de donde desendien tus ancestros.

- ✓ Compra un kit por interner or en una tienda
- ✓ Manda una muestra de tu saliva por correo (las instruciones vienen en el kit)
- ✓ Recibe tus resultados por correo electronico
- ✓ Membriesia y servicios addicionales son **opcional**

Organigrama para tu información familiar

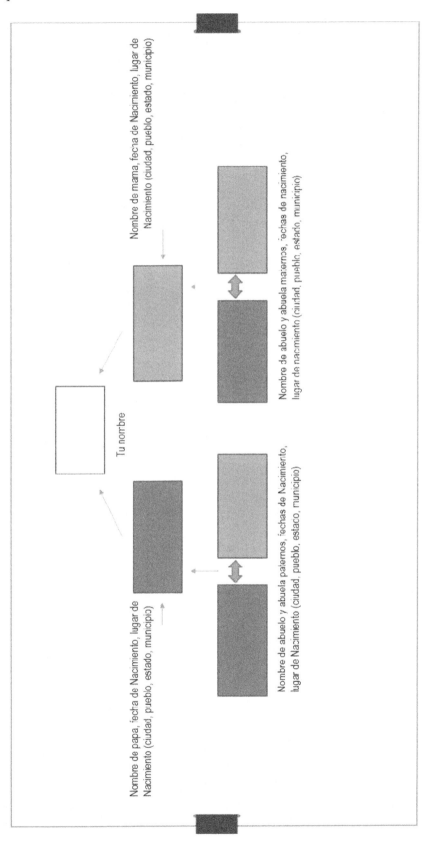

Recursos addicionales

Recursos de el Sr. John P. Schmal

Buscando tus raices Indigenas en México- discussion en YouTube para el Departamento de Biblioteca de Los Angeles, CA. (discurso en Ingles)

https://www.youtube.com/watch?v=8R3FMyzKbS0&t=9s

Pagina de internet de Dr. Schmal's que contiene información sobre cada estado de México

https://indigenousMéxico.org/

Parte de una presentacion de el Sr. Schmal, explicando que cada persona desciende de miles de abuelos/ancestros.

Who am I?

Each of us has two parents, four grandparents, eight great-grandparents and 16 great-great-grandparents. Fourteen generations ago – around 1540 – you had 16,384 12th great-grandparents.

Generations Back from You	Generation No. (Starting with Your Parents)	No. of Persons in this Generation	Cumulative No. of Individuals	Approximate Year
Self	0	1	1 (You)	1960
Parents	1	2	3	1930
Grandparents	2	4	7	1910
Great-Grandparents	3	8	16	1890
2nd Great-Grandparents	4	16	31	1860
3rd Great-Grandparents	5	32	62	1830
4th Great-Grandparents	6	64	127	1800
5th Great-Grandparents	7	128	255	1770
6th Great-Grandparents	8	256	511	1740
7th Great-Grandparents	9	512	1023	1700
8th Great-Grandparents	10	1,024	2,047	1670
9th Great-Grandparents	11	2,048	4,095	1640
10th Great-Grandparents	12	4,096	8,191	1600
11th Great-Grandparents	13	8,192	16,383	1570
12th Great-Grandparents	14	16,384	32,767	1540

Mapa que identifica territorio de poblaciónes nativas

https://native-land.ca/

En este sito, ingresas el nombre to un pueblo, ciudad or region y el map te indica la población nativa de esas tierras.

Descargo de responsabilidad: El mapa no es para uso academic o como recurso legal. Abastecimiento de territories Indigenas es un processo delicado por lo tanto el mapa debe ser usado con la comprensión que areas pueden estar incorrectas de acuerdo a naciones locales y interpretacion individual. Estamos constantemente en estado de investiga y ajustamiento del mapa en el esfuerzo para permanecer lo mas preciso possible, sin embargo, errores pueden existir. Gracias.

Términos y Observaciones

1. Tener un nombre y apellido, es práctica colonizadora, las personas Indigenas exhistían con un nombre solamente y esto era costumbre acceptada. Era común que una persona indigena con un solo nombre fuera bautisada y se les cambiara su nombre indigena a nombre Español y se les agregaba un apellido. Comúnmente el apellido, De La Cruz fue impuesto (por ejemplo: Ynes De La Cruz, #1 en la lista de my abuelita, Angelita) para imponer la religion.

2. Hijo/hija **legitimo/a**- una persona es identificada legitimo/a cuando sus padres estaban casados.

3. Hijo/hija **natural**- es una persona que nacio y sus padres no estaban casados.

4. Hay muchas palabras que se escribian en differente formas, por ejemplo: Yndio/Indio, Balencia/Valencia, Ahntonnio/Antonio, Mexia/Mejia, Meztiso/Mestiso, etc.

5. Observacion: Cuando las personas son identificadas como Indigenas, si no nombran el tribú al que pertenecen se requiere mas investigación. Para tratar de identificar el tribú, se requiere buscar la historia de los pueblos de origen de las personas.

   Por ejemplo- Por lado de mi abuelita, Angelita, #5 Estephania de Madrigal, es identificada como Indigena de Angamacutiro, Mich. Como sus documentos no mencionan el tribú, investige los originales habitantes de Angamacutiro, y descrubri que fueron los Otomí. Es muy probable que Estephania y su familia eran Otomí.

6. La frase, "al labor" – no se exactamente lo que significa, pero me imagino que es un tipo de arreglo laboral, quisas estas personas trabajaban en los terrenos de otra persona y era un modo de identificar la persona por localidad, etc.

7. Los nombres de muchos pueblos indigenas se cambiaron a traves del tiempo, por ejemplo:

Jaquaro	Jacuaro	San Pedro Jacuaro
Nombre Indigena	Español	Religioso
Pasado (original)	Transición	Presented

8. La palabra "finado" quiere decir que a fallecido (muerto).

9. La palabra "doncella" significa que la mujer era virgen/señorita/pura. Esta palabra solamente la encontre en documentos cuando la mujer era Española, pero no Indigena.

10. La palabra "parbulo" significa un niño or niña o bebé.

11. Intento de matrimonio es different del matrimonio. Durante un intento de matrimonio, las personas se presentaban para annunciar sus intensiones a la iglesia o el registro civil. Algunas veces, los padres del los novios tambien se presentaban para dar consentimiento.

12. Muchos documentos identifican a personas Españolas/Esp. pero no se indica como lo comprobaron. Basicamente, si la persona tenia piel blanca, era probable que lo identificaran como Español. Segun la opinion de la persona que estaba documentando los acontecimientos.

13. Frequentement se encuentran documentos que se contradicen, por ejemplo- en un documento una persona esta identificada como Español y en otro documento la misma persona esta identificada como Indigena or Mestizo. Esto es común.

14. En casi todos los documentos la fecha del archivo y la fecha del evento (Nacimiento, matrimonio o fallecimiento) son differentes. Se necesita leer el documento completo para poder entender los acontecimientos.

15. Una prueba de ADN "admixture" revela los orígenes geografícos de los antepasados durante los últimos siglos y puede mostrarnos nuestro desglose étnico.

16. En unos documentos se clarifico que la persona era de "calidad Español" no pude localizar la definición sobre este término, pero se puede asumir que era calidad deseable versus ser identificado como indigena.

17. Unos registros eran archivos en libros separados por las Iglesias y municipios. Por ejemplo #5 en las lista de mi abuelita Angelita, Estephania de Madrigal. Sus archivos fueron localizados en los registros de Indios.

SOBRE LA AUTORA

Alejandra es descendiente de various tribus incluyedo Chichimecas, Matlatzinca, Mexica (Nahuas), Mazahuas, Otomí, y P'urépecha. La mayoria de su ADN indica que es descendiente de los pueblos Indigenas del el suroeste de los Estados Unidos y centro de México. Sus resultados admixture (mezcla) de ADN incluye rastros de origen en África del Norte, Cyprus, España, Francia, Italia (norte), Portugal, Senegal y Vasco. Su arbol familiar identifico individuos que son originarios de España y Italia (norte).

Nació y se creció en el territorio de los tribus Ahmah (Aaa-Ma) Mutsun (Moot-sun) y Ohlones (Oh-loh-nee) (**Watsonville, CA**). Actualmente vive en los territorios no cedidos de los tribus Muwekma Ohlone (mah-WEK-mah Oh-loh-nee) y la Nación Thamien (Thah-mee-en) (**San José, CA**).

A mediados de 2018, Alejandra sintió lo que ella describe como un llamado de sus antepasados y un despertar spiritual. Ella tuvo un aumentó de sentido de la intuición, los imagenes en su vida se volvieron más vívidas, se connecto mas con la naturaleza, y sus sensibilidad a lo físico, emocional, y estímulos energéticos fue amplificado. Atendiendo la llamada de sus antepasados, ella recivio su nombre indigena, y desarrollo aún mas su identidad indígena, empezo a aprender la idioma Nahuatl (Mexica) y las enseñanzas sobre la cultura Mexica de los antepasados/ancestros. Guiada por sus antepasados a investigar su ascendencia la llevo a escribir este libro.

Made in the USA
Las Vegas, NV
07 December 2023

82292980R00057